DIE GU-QUALITÄTS-GARANTIE

Wir möchten Ihnen mit den Informationen und Anregungen in diesem Buch das Leben erleichtern und Sie inspirieren, Neues auszuprobieren. Bei jedem unserer Bücher achten wir auf Aktualität und stellen höchste Ansprüche an Inhalt, Optik und Ausstattung. Alle Rezepte und Informationen werden von unseren Autoren gewissenhaft erstellt und von unseren Redakteuren sorgfältig ausgewählt und mehrfach geprüft. Deshalb bieten wir Ihnen eine 100 %ige Qualitätsgarantie.

Darauf können Sie sich verlassen:
Wir legen Wert darauf, dass unsere Kochbücher zuverlässig und inspirierend zugleich sind.
Wir garantieren:
• dreifach getestete Rezepte
• sicheres Gelingen durch Schritt-für-Schritt-Anleitungen und viele nützliche Tipps
• eine authentische Rezept-Fotografie

Wir möchten für Sie immer besser werden:
Sollten wir mit diesem Buch Ihre Erwartungen nicht erfüllen, lassen Sie es uns bitte wissen! Nehmen Sie einfach Kontakt zu unserem Leserservice auf. Sie erhalten von uns kostenlos einen Ratgeber zum gleichen oder ähnlichen Thema. Die Kontaktdaten unseres Leserservice finden Sie am Ende dieses Buches.

GRÄFE UND UNZER VERLAG
Der erste Ratgeberverlag – seit 1722.

KV

HÜBSCH AUFGESPIESST

AUF DEM TITELBILD SEHEN SIE DIE REZEPTE KALBFLEISCHRÖLLCHEN VON SEITE 19, GARNELEN IM NUDELKLEID VON SEITE 32 UND MINI-PAPRIKA MIT AUBERGINENCREME VON SEITE 44.

SPIESSIGE ESS-KUNDE

 WELCHE SPIESSE SIND GUT GEEIGNET?

 WAS IST MIT BAMBUSSPIESSEN?

 BESONDERE VORLIEBEN?

SIND AUCH METALLSPIESSE GEEIGNET?

 JETZT IST SHOWTIME!

Im Supermarkt gibt es Holzspieße, die sich für alle Rezepte in diesem Buch eignen. Sie werden meist aus Buchen- oder Birkenholz hergestellt und sind zur **Einmalverwendung** gedacht. Wenn im Rezept die Spießchen gegrillt werden sollen und damit die Hitze außergewöhnlich hoch ist, sollten Sie die Holzspieße vor dem Bestücken **mindestens 5 Minuten in kaltes Wasser** legen. Dabei saugen sie sich voll und verbrennen über dem heißen Grill nicht so leicht. Und ein Zeitspartipp dazu: Die schön vollgesogenen Spieße einfrieren (sie dürfen dabei nicht aneinanderhaften), gefroren bestücken und auf den Grill legen.

Bambusspieße sind besonders zu empfehlen, wenn es stilgerecht **asiatisch** sein soll. Es gibt sie im Supermarkt und asiatischen Lebensmittelladen in verschiedenen Längen und Stärken. Zudem sehen die Spieße mit den unterschiedlichen Dekos wie Kugeln oder Schleifchen einfach hübsch aus, sind **in Bio-Qualität erhältlich** und außerdem zu 100 Prozent kompostierbar.

Dem Erfindungsreichtum in Bezug auf die Herstellung von Spießen sind fast keine Grenzen gesetzt: Von zweifarbigen Safari- oder Speerwurfspießen über Tulpen-, Ball- und Herzspießen, bis hin zu Stimmgabel- und Flaggenspießen ist alles zu finden. **Wenn Sie einen Themenabend planen,** durchstöbern Sie mal einen großen Asiamarkt, ein Haushaltswarengeschäft oder auch das Internet nach zum Thema passenden Deko-Spießen.

Eigentlich weniger, denn zum einen sind sie meist über 30 cm lang, und zudem können Lebensmittel, die nicht gegrillt werden, auf der glatten Oberfläche leicht davon rutschen. Eine Cocktailtomate beispielsweise hält an einem faserigen Holzspieß besser, noch dazu, wenn der Spieß aufrecht stehend präsentiert wird.

Je nachdem, was auf den Spießen steckt, können Sie diese liegend, stehend oder auch »kopfunter« in eine Suppe oder einen Dip getaucht anrichten. Die Pops sollten **appetitlich und anregend** zur Schau gestellt werden, damit das Auge auch mitessen kann. Viele Möglichkeiten dafür werden bei den Rezepten vorgestellt.

AUF DIE SCHNELLE

»Fishing for compliments« ist die Devise bei Pops. Auch die schnellen sind echte Hingucker. Dabei sind sie simpel herzustellen, appetitlich zu essen, auch ohne Serviette, und unwahrscheinlich lecker.

SAG ES MIT HERZCHEN Auf Spieße mit Herzmotiven je 1 warmen Tortellini aufspießen. In kleine Gläser heiße Gemüsebrühe füllen und die Tortellini kopfüber eintauchen.

FLEISCHIG & FRUCHTIG Je 1 Physalis mit 1 aufgerollten Scheibe Lachsschinken aufspießen. Je 1 Spieß in ein noch leeres Aperitifglas stellen. Der Gast nimmt den Spieß zum Essen, das Glas kann mit Aperitif aufgefüllt werden.

FÜR ITALIENFANS Mozzarellabällchen in getrockneten italienischen Kräutern wälzen und mit frischen Basilikumblättchen aufspießen. 1 Cocktailtomate oder 1 Stück getrocknete Tomate haben auch noch Platz.

TOMATE TRIFFT ERDBEERE In kleine Gläser Tomatensuppe füllen. Je 1 Erdbeere mit 1 Mozzarellabällchen auf einen Spieß stecken und diese in die Gläser stecken.

FÜR FISCHFANS 1 Tortilla (Wrap) mit Sahnemeerrettich bestreichen und breitflächig mit dünnen Räucherlachsscheiben belegen. Die Tortilla fest aufrollen, in Alufolie wickeln und für etwa 30 Min. in den Kühlschrank geben. Dann die Rolle in etwa 1 ½ cm dicke Scheiben schneiden und diese aufspießen.

PARMESAN-LOLLI Den Backofen auf 200° vorheizen. 100 g fein geriebenen Parmesan mit 1 EL Speisestärke locker vermengen. 8 Holzspieße mit genügend Abstand auf ein mit Backpapier ausgelegtes Backblech legen. Parmesan auf die Spieße rieseln lassen (Spieße zu einem Drittel bedecken) und mit einem Löffelrücken etwas andrücken. Die Parmesan-Lollis im Backofen 4 – 5 Min. backen und anschließend etwas abkühlen lassen.

SCHINKEN-KÄSE-WUPP Kleine ital. Burrattas (Mozzarella mit Butterkern; ersatzweise kleine Mozzarellas) mit hauchdünn geschnittenem Parmaschinken umwickeln und im vorgeheizten Backofen bei 180° mit Grillstufe 2 Minuten angrillen. Auf Spieße stecken.

ZUCCHINI-GARNELE 1 kleinen Zucchino mit einem Sparspäler längs in hauchdünne Scheiben schneiden. Je 1 Scheibe längs auf einen Spieß stecken. Bei jedem Durchstechen 1 Garnele mit 1 Minzeblatt mit aufspießen.

FLEISCH
AM SPIESS

Viva España!

RINDFLEISCH-PINCHITOS
MIT ZITRONEN-CHILI

2 Knoblauchzehen ++ Saft und Schale von 1 Bio-Zitrone ++ 100 ml Olivenöl ++ ½ TL gemahlener Kreuzkümmel ++ 1 TL zerdrückte Korianderkörner ++ 1 kräftige Prise edelsüßes Paprikapulver ++ ½ TL getrockneter Thymian ++ 600 g Rindfleisch zum Kurzbraten (Hüfte, Lende; in 12 längliche Streifen von 2 cm x 10 cm geschnitten) ++ 1 kleine rote Chilischote ++ Salz ++ schwarzer Pfeffer ++ 12 Holzspieße

----

Für 12 Stück | Zubereitung **30 Min.** | Marinieren **1 Std.**
Pro Stück ca. **130 kcal, 9 g EW, 10 g F, 0 g KH**

----

1 Den Backofen mit Grillstufe auf 200° vorheizen und ein Backblech mit Alufolie auskleiden. Den Knoblauch schälen, durch eine Presse in eine Schüssel drücken und mit Zitronensaft, 50 ml Olivenöl, den Gewürzen und dem Thymian verrühren.

2 Die Fleischstreifen mit dem Würzöl vermengen und zugedeckt für 1 Std. in den Kühlschrank stellen. Die Chilischote waschen, aufschlitzen, von Stiel und Kernen befreien und fein würfeln. Mit Zitronenschale und 50 ml Olivenöl verrühren und in Dipschalen verteilen.

3 Die Fleischstreifen ziehharmonikaförmig so auf die Spieße stecken, dass sie zwei- bis dreimal durchgestochen werden. Mit Salz und Pfeffer würzen und im Backofen etwa 8 Min. grillen.

KÖNIGSBERGER KLÖPSCHEN

in neuer Form

MIT KAPERNDIP

100 ml Milch	Salz | schwarzer Pfeffer
1 altbackenes Brötchen	Schale und Saft von ½ Bio-Zitrone
1 ½ l Fleischbrühe (Instant)	150 g Mayonnaise
4 Sardellenfilets, in Salz eingelegt	300 g Vollmilchjoghurt
1 kleine Zwiebel	1 EL zerdrückte Kapern
500 g gemischtes Hackfleisch	2 EL gehackte Petersilie
1 Ei	je 20 Gläschen und Spießchen zum Anrichten

Für 20 Pops | Zubereitung **40 Min.**
Pro Stück ca. **130 kcal, 7 g EW, 10 g F, 3 g KH**

1 Die Milch erhitzen. Das Brötchen kleiner schneiden, in der Milch einweichen. Die Brühe erhitzen. Die Sardellen kalt abspülen und fein hacken. Die Zwiebel schälen und fein reiben. Das Brötchen ausdrücken und mit Hackfleisch, Ei, Sardellen und Zwiebel verkneten. Mit Salz, Pfeffer und Zitronenschale würzen.

2 Aus der Masse etwa 20 Klöpschen formen und einzeln in die heiße Brühe geben. Bei schwacher Hitze in knapp 10 Min. sanft gar ziehen lassen. Die Mayonnaise mit Joghurt, Kapern, Zitronensaft und Petersilie verrühren und mit Salz und Pfeffer würzen. Auf die Gläser verteilen.

3 Die Klöpschen aus der Brühe nehmen und auf Spieße stecken. Je 1 Klöpschenspieß auf oder in ein Glas mit Kaperndip platzieren. Gut gekühlt servieren.

MEINE TIPPS
Anstatt gemischtem Hackfleisch Kalbfleischhack verwenden.

Die Brühe durch ein Haarsieb passieren und am nächsten Tag als Suppe genießen, z. B. mit vielen Gemüsestreifen, Backerbsen oder Croûtons.

LEBERKNÖDELCHEN
IM BULLSHOT

schön würzig

150 ml Milch
5 altbackene Brötchen
1 Zwiebel
1 EL Butter
2 EL gehackte Petersilie
200 g geschabte Schweineleber
  (oder vom Rind)
1 Ei

Mehl bei Bedarf
Saft und Schale von ½ Bio-Zitrone
1 TL getrockneter Majoran
Salz | schwarzer Pfeffer
2 l Fleischbrühe (Instant)
5 cl Wodka (nach Belieben)
5 Spritzer Worcestersauce
16 hitzebeständige Gläser und 16 Spieße

Für 16 Pops | Zubereitung **40 Min.** | Garen **15 Min.**
Pro Stück ca. **160 kcal, 11 g EW, 5 g F, 12 g KH**

---

1 Die Milch erhitzen. Brötchen in dünne Scheiben schneiden, in einer Rührschüssel mit der Milch begießen und einweichen. Die Zwiebel schälen und fein hacken. Die Butter in einer Pfanne erhitzen, die Zwiebel darin 2 Min. andünsten und mit der Petersilie verrühren.

2 In einem breiten Topf reichlich Wasser erhitzen. Zwiebel, Leber und Ei über die Brötchen geben und alles vermengen. Falls die Masse zu feucht ist, etwas Mehl darüberstäuben; mit Zitronenschale, Majoran, Salz und Pfeffer würzen. Aus der Masse mit angefeuchteten Händen 16 Knödel formen, ins kochende Wasser geben und bei mittlerer Hitze etwa 15 Min. garen.

3 Die Fleischbrühe aufkochen. Mit Wodka, Worcestersauce und Zitronensaft würzen und in die Gläser füllen. Je 1 Knödelchen aufspießen und in den Bullshot tauchen. Heiß servieren.

MEIN FRITTIER-TIPP
Die abgedrehten Knödelchen in heißem Öl schwimmend knusprig und goldbraun frittieren. Auf Küchenpapier kurz abkühlen lassen, auf Spieße stecken und in den Bullshot tauchen.

WAS IST EIN BULLSHOT?

Ein »fancy Drink« aus der Cocktailabteilung, bei dem der Schuss einen Kater »erschießen« soll. Eine kalte Kraftbrühe, gut gesalzen, ist dabei die Grundlage. Dazu kommen ein Schuss Wodka, einige Eiswürfel und frisch gehackte Petersilie – wegen der Vitamine.

LAMMKEBAB
MIT ZIMTIGER MINZSAUCE

wie aus dem Orient

1 Scheibe Toastbrot
2 kleine Zwiebeln
2 Knoblauchzehen
1 kleine rote Chilischote
50 g Pinienkerne
750 g Lammhackfleisch
1 Ei
Salz | schwarzer Pfeffer
1 TL gemahlener Kreuzkümmel

2 EL Öl
ca. 20 Blättchen Minze
500 g Vollmilchjoghurt
Schale von ½ Bio-Orange
1 kräftige Prise gemahlener Zimt
16 Spieße
Für die Garnitur:
Minzeblättchen

Für 16 Stück | Zubereitung **30 Min.** | Kühlen **1 Std.** | Grillen **15 Min.**
Pro Stück ca. **175 kcal, 11 g EW, 13 g F, 3 g KH**

---

1 Das Toastbrot in Stücke zupfen und mit 50 ml kaltem Wasser beträufeln. Die Zwiebeln und den Knoblauch schälen und fein hacken. Die Chilischote waschen, von Stiel und Kernen befreien und fein würfeln. Die Pinienkerne hacken.

2 Das Brot ausdrücken und mit Lammfleisch, Ei, Zwiebeln, Knoblauch, Chili und Pinienkernen verkneten. Mit Salz, Pfeffer und Kreuzkümmel würzen. 16 Kugeln drehen und länglich um je 1 Spieß formen. Auf einen Teller legen, mit Öl bepinseln und zugedeckt für 1 Std. kühl stellen.

3 Die Minze in Streifen schneiden. Joghurt mit Minze und Orangenschale verrühren. Mit Salz, Pfeffer und Zimt würzen. Den Backofen auf 240° vorheizen und ein Backblech mit Alufolie auskleiden. Kebabs darauflegen und gut 10 Min. grillen. Mit der Sauce anrichten.

VARIANTE
Die Spieße über Holzkohle grillen und auf Küchenpapier entfetten. Die Minzsauce mit ½ l Eiswasser zu einem Ayran vermischen. Die Spieße in hohe Gläser stecken und mit kaltem Minz-Ayran aufgießen. Statt Lammhackfleisch Rinderhackfleisch verwenden.

HÄHNCHENSPIESSE

Aroma vom Stiel

MIT ERDNUSSDIP

12 Stängel Zitronengras
500 g Hähnchenbrustfilet
2 EL helle Sojasauce
1 EL Austernsauce
6 EL Öl
Für den Dip:
5 EL Weißweinessig

1 EL Öl
2 EL Honig
1 kräftige Prise Salz
4 EL Erdnusscreme (crunchy Peanutbutter)
2 EL Tomatenmark
½ TL grob geschrotete rote Pfefferkörner

Für 12 Stück | Zubereitung **25 Min.** | Kühlen **1 Std.**
Pro Stück ca. **140 kcal, 11 g EW, 8 g F, 4 g KH**

1 Zitronengras waschen und die Stängel mit einem Messer etwas spitzer zuschneiden. Das Fleisch in 12 Streifen von etwa 8 cm Länge und etwa 2 cm Breite schneiden.

2 Die Fleischstreifen ziehharmonikaartig auf je 1 Zitronengrasstängel spießen. Die Spieße auf einen Teller legen, mit Soja- und Austernsauce beträufeln und zugedeckt für 1 Std. kühl stellen.

3 Alle Dipzutaten mit 100 ml Wasser in einem Topf verrühren und 2–3 Min. erhitzen. Öl in einer beschichteten Pfanne erhitzen und die Hähnchenspieße darin rundherum knapp 5 Min. braten.

KANN ICH AUCH KOKOSMILCH VERWENDEN?

Ersetzen Sie beim Dip Wasser und Tomatenmark durch 100 ml Kokosmilch und 2 EL helle Sojasauce. Noch mehr Schärfe geben Cayennepfeffer oder 1 kleine rote, gewürfelte Chilischote.

KALBFLEISCHRÖLLCHEN
MIT THUNFISCHMAYO

braucht etwas Zeit

3 sehr dünne große Kalbsschnitzel
  (etwa 500 g)
1 Knoblauchzehe
5 cl trockener Sherry oder Weißwein
  (nach Belieben)
1 kleines Bund Salbei
Salz | schwarzer Pfeffer
3 EL Öl zum Braten
12-24 Spieße

Für die Mayonnaise:
1 Dose Thunfisch im eigenen Saft
  (Abtropfgewicht 150 g)
Saft von ½ Zitrone
2 Eigelb
½ TL mittelscharfer Senf
100 ml Sonnenblumenöl
Salz
schwarzer Pfeffer

Für 24 Stück | Zubereitung **25 Min.** | Kühlen **1 Std.**
Pro Stück ca. **80 kcal, 6 g EW, 6 g F, 0 g KH**

1 Die Schnitzel flach klopfen und in 24 Streifen, je etwa 2 cm breit und 10 cm lang, schneiden. Knoblauch schälen und durch eine Presse drücken. Fleisch mit Knoblauch und Sherry vermengen, mit Folie abdecken und für 1 Std. in den Kühlschrank stellen.

2 Den Salbei waschen, trocken schütteln und die Blättchen abzupfen. Je 1–2 Salbeiblätter auf einen Fleischstreifen legen. Die Streifen fest aufrollen und nach Belieben 1 oder 2 Röllchen auf die Spieße stecken. Alle Spieße mit Salz und Pfeffer würzen.

3 Für die Mayonnaise den Thunfisch abtropfen lassen und mit Zitronensaft fein pürieren. Mit dem Handrührgerät die Eigelbe mit dem Senf cremig rühren und nach und nach ganz langsam das Öl unterschlagen. Den pürierten Thunfisch unter die Mayonnaise rühren und alles mit Salz und Pfeffer würzen. In Dipschälchen füllen und bereitstellen. Die restlichen Salbeiblättchen in Streifen schneiden und zum Garnieren verwenden.

4 Das Öl in einer beschichteten Pfanne erhitzen und die Spießchen darin auf jeder Seite anbraten, bei mittlerer Hitze in 3–4 Min. fertig braten.

KARIBIK-GRIOTS

2 kleine rote Chilischoten ++ 2 Schalotten ++ 2 Knoblauchzehen ++ 2 Zitronen ++ 1 Orange ++ 600 g mageres Schweinefleisch (Schlegel, Lende) ++ Salz ++ schwarzer Pfeffer ++ Zimtpulver ++ gemahlene Gewürznelken und Kreuzkümmel ++ 1 Zweig Thymian ++ 2 EL weißer Rum (nach Belieben) ++ Öl ++ 1 Glas Silberzwiebeln (190 g Abtropfgewicht) ++ 15 Spieße

Für 15 Stück | Zubereitung **20 Min.** | Kühlen **4 Std.** | Garen **35 Min.**
Pro Stück ca. **60 kcal, 9 g EW, 1 g F, 2 g KH**

1 Chilischoten waschen, putzen und klein würfeln. Schalotten und Knoblauch schälen und fein schneiden. Zitrusfrüchte auspressen. Das Schweinefleisch in 30 Stücke von etwa 20 g schneiden. Mit Salz und Pfeffer würzen und mit allen übrigen Zutaten in einer Schüssel vermengen. Mit Folie abdecken und mindestens 4 Std. im Kühlschrank ziehen lassen.

2 Die Fleischstücke mit der Marinade in einen Topf geben und mit kaltem Wasser bedecken. Aufkochen lassen, die Hitze reduzieren und das Fleisch bei mittlerer Hitze etwa 30 Min. garen.

3 Fleisch abgießen und abtropfen lassen. Öl in einer Pfanne erhitzen und das Fleisch darin rundum 2–3 Min. braten. Je 2 Fleischstücke mit 2 Silberzwiebeln auf 1 Spieß stecken. Dazu passen Chili-Ketchup, Mangochutney oder/und Pflaumenchutney.

MIT FISCH UND MEERESFRÜCHTEN

SUSHI-POPPER

300 g Sushi-Reis ++ 2 EL Reisessig ++ 1 EL Zucker ++ 1 TL Salz ++ 1 kleines Bund Koriandergrün ++ 4 Noribkätter ++ 1 kleine Tube Wasabipaste (43 g) ++ 100 g Räucherlachsscheiben ++ Rollmatte ++ 24 Spieße

Für 24 Stück | Zubereitung **20 Min.** | Garen **15 Min.** | Abkühlen **40 Min.**
Pro Stück ca. **60 kcal, 2 g EW, 1 g F, 11 g KH**

1 Reis in einem Sieb kalt abspülen und abtropfen lassen. Mit ½ l kaltem Wasser begießen, aufkochen und 2 Min. kochen, dann zugedeckt bei ganz schwacher Hitze in 10 Min. ausquellen lassen. Den Reis in einer Schüssel vollständig erkalten lassen.

2 Inzwischen Reisessig mit Zucker und Salz unter Rühren aufkochen und ebenfalls abkühlen lassen. Den Sesam in einer trockenen Pfanne rösten. Koriander waschen, trocken schütteln und fein hacken. Den Essig unter den Reis mischen. 1 Noriblatt auf die Rollmatte legen. Dünn mit Wasabi bestreichen und etwa ½ cm dick Reis aufstreichen, dabei 1 cm Rand frei lassen.

3 Lachsscheiben darauflegen, mit Sesam und Koriander bestreuen. Die Matte leicht anheben und die Sushis fest aufrollen. Von der Matte nehmen, in sechs Stücke schneiden und je 1 Stück quer auf 1 Spieß stecken. Die anderen Nori-Blätter genauso verarbeiten.

MEIN EINKAUFS-TIPP
Sie finden alle Zutaten im Asialaden. Die Noriblätter sind in der kleinsten Packung mit 10 Stück (27 g) für wenig Geld erhältlich, ebenso die Sushi-Matte, die auch nicht die Welt kostet.

THUNFISCHLOLLI
IM KALTEN GURKENSÜPPCHEN

cool und hipp

400 g Thunfischfilet
Saft von 1 Zitrone
Salz
grob geschroteter schwarzer Pfeffer
1 Salatgurke (etwa 400 g)
1 Knoblauchzehe

500 g griechischer Vollmilchjoghurt
Cayennepfeffer
Zucker
2 EL gehackter Dill
2 EL Olivenöl
je 8 Spieße und Gläser

Für 8 Stück | Zubereitung **25 Min.** | Marinieren **30 Min.**
Pro Stück ca. **205 kcal, 13 g EW, 15 g F, 4 g KH**

1 Fischfilet in acht Streifen von je etwa 2 cm Breite und 8 cm Länge schneiden. Ziehharmonika-artig auf die Spieße stecken. Mit Zitronensaft, Salz und Pfeffer würzen. Die Spieße mit Folie abdecken und für 30 Min. in den Kühlschrank stellen.

2 Die Gurke waschen, schälen und in grobe Stücke schneiden. Knoblauch schälen und halbieren. Beides mit dem Joghurt pürieren. Mit Salz, Cayennepfeffer sowie je 1 Prise Zucker und Cayennepfeffer würzen. Dill unterrühren und den Dip kalt stellen.

3 Das Olivenöl in einer beschichteten Pfanne erhitzen und die Spieße darin von beiden Seiten 1 – 2 Min. braten. Die Gurkensuppe in hohe Gläser füllen und je 1 Thunfischlolli eintauchen.

MEIN WÜRZ-TIPP
Das Gurkensüppchen mit dem pikant-rauchigen Aroma von Piment d'Espelette würzen.

ICH BEKOMME KEINE OLIVEN MIT SARDELLENFÜLLUNG.

Dann am besten die schmackhaften und würzigen Kalamata Oliven aus Griechenland verwenden. Entkernen nicht vergessen.

POLENTAHERZEN

MIT SARDELLENOLIVE

am besten frisch

600 ml Gemüsebrühe (Instant)
200 g Sahne
250 g Maisgrieß (Polenta)
50 g gehackte Walnusskerne
2 – 3 Stängel Basilikum

Salz | schwarzer Pfeffer
1 EL Öl
24 grüne Oliven mit Sardellencreme
24 Spieße

Für 24 Stück | Zubereitung **30 Min.** | Kühlen **1 Std.**
Pro Stück ca. **100 kcal, 2 g EW, 6 gF, 9 g KH**

1 Gemüsebrühe und Sahne in einem Topf aufkochen. Maisgrieß unter Rühren einrieseln lassen und etwa 2 Min. kochen. Den Topf zudecken und vom Herd ziehen.

2 Die Walnüsse in einer heißen beschichteten Pfanne ohne Fett 1–2 Min. rösten. Basilikum fein hacken. Beides unter die Polenta rühren, mit Salz und Pfeffer würzen.

3 Ein Backblech zur Hälfte mit Alufolie belegen und mit Öl bestreichen. Die Polentamasse daraufgeben, etwa 2 cm hoch glatt streichen und vollständig abkühlen lassen.

4 Aus der Polenta mit einer Ausstechform 24 Herzen ausstechen. Diese auf die Spieße stecken und in die Herzausschnitte je 1 gefüllte Olive spießen.

MEIN DIP-TIPP

Kalt gepresstes Olivenöl (extra vergine) in einem Schälchen mit etwas geriebenem Pecorino oder Parmesan verschlagen und die Herzchen darin baden.

zum
Ringeln

TINTENFISCHCHEN
MIT MANDELPANADE

100 g Couscous (Instant)
400 g Tintenfischringe (siehe Tipp)
Saft von ½ Zitrone
Salz | schwarzer Pfeffer
Cayennepfeffer
getrocknete Minze

50 g gehackte Mandeln
3 Eier
4 EL Mehl
1 l Öl zum Frittieren
1 Orange
12 Spieße

Für 12 Stück | Zubereitung **30 Min.** | Ruhen **1 Std.**
Pro Stück ca. **130 kcal, 9 g EW, 6 g F, 10 g KH**

1 Couscous mit 100 ml heißem Wasser begießen und 10 Min. quellen lassen. Tintenfischringe mit Zitronensaft, Salz, Pfeffer, Cayennepfeffer und 1 kräftigen Prise Minze würzen. Abdecken und kühl stellen. Couscous auf ein Küchentuch streuen und etwa 30 Min. antrocknen lassen.

2 Den Couscous mit den Mandeln mischen und auf einen Teller bröseln. Die Eier in einem Suppenteller verquirlen. Das Mehl auf einen dritten Teller geben. Die Tintenfischringe im Mehl wenden, durch die Eier ziehen und in der Couscous-Mandel-Mischung panieren. Die Ringe nebeneinander auf Teller legen und nochmals für 30 Min. in den Kühlschrank stellen. Inzwischen die Orange filetieren (s. Seite 39).

3 Das Öl auf etwa 180° (s. Seite 33) erhitzen und die Tintenfischringe darin portionsweise goldgelb und knusprig frittieren. Die Ringe auf Küchenpapier entfetten und je 2 Ringe abwechselnd mit 2 Orangenfilets auf die Spieße stecken.

EINKAUFS-TIPP
Tintenfischringe bekommen Sie tiefgefroren (unpanierte nehmen). Oder Sie schneiden küchenfertige Tintenfischtuben (Kalmare) selber in 1–1 ½ cm dicke Ringe.

fruchtig-frisch

KUSHI-LACHS MIT ANANAS

400 g Lachsfilet ohne Haut ++ Salz ++ schwarzer Pfeffer ++ 1 – 2 cm frischer Ingwer ++
2 EL helle Sojasauce ++ 4 EL Weißwein oder trockener Sherry (ersatzweise Sojasauce) ++
100 g Ananasecken (Dose oder Glas) ++ 50 g Kokosflocken ++ 1 große reife Banane ++
100 ml Kokosmilch ++ 1 EL Ananassaft ++ 2 EL Öl ++ 12 Spieße

Für 12 Stück | Zubereitung **25 Min.**
Pro Stück ca.**115** kcal, 7 g EW, 6 g F, 8 g KH

1 Lachs in 24 Stücke (je etwa 20 g) schneiden, salzen und pfeffern. Ingwer schälen, fein reiben und mit Sojasauce und Wein verrühren. Auf jeden Spieß abwechselnd 2 Lachsstücke und 2 Ananasecken stecken. Mit der Hälfte der Marinade beträufeln und 10 Min. ziehen lassen.

2 Kokosflocken in einer Pfanne ohne Fett 1 Min. rösten, auf einen Teller geben. Banane schälen, kleiner schneiden und mit der Kokosmilch pürieren. Mit Ananassaft würzen, die Hälfte der Kokosflocken untermischen. In eine Schale füllen und mit restlichen Flocken garnieren.

3 Das Öl in einer Pfanne erhitzen und die Spieße darin rundherum 1–2 Min. braten. Dabei mit der restlichen Marinade beträufeln. Mit dem Dip servieren.

GARNELEN

IM KNUSPRIGEN NUDELKLEID

100 g Spaghetti (oder Bavette Nr. 13)
Salz
2 Knoblauchzehen
1 EL helle Sojasauce
1 EL Austernsauce
schwarzer Pfeffer

Zucker
16 rohe geschälte Garnelen (mittlere Größe)
1 l Öl zum Frittieren
asiatische Pflaumensauce (Fertigprodukt)
  zum Dippen
16 Spieße

Für 16 Stück | Zubereitung **35 Min.**
Pro Stück ca. **70 kcal, 7 g EW, 3 g F, 5 g KH**

---

1 Die Nudeln in kochendem Salzwasser in etwa 8 Min. bissfest garen. Abgießen, kalt abschrecken und in einem Sieb abtropfen lassen.

2 Den Knoblauch schälen und pressen. Mit Sojasauce und Austernsauce verrühren und mit Salz, Pfeffer und 1 Prise Zucker würzen. Die Garnelen am Rücken einschneiden, entdarmen, waschen und trocken tupfen. Mit der Würzmischung vermengen.

3 Jede Garnele fest mit 3–4 Spaghetti umwickeln. Das Öl auf 180° erhitzen und die Garnelen darin portionsweise schwimmend in etwa 3 Min. goldgelb und knusprig backen. Auf Küchenpapier entfetten und auf Spieße stecken. Die Pflaumensauce in Schälchen bereitstellen.

MEIN TAUSCH-TIPP

Asiatische Mie-Nudeln anstatt Spaghetti verwenden. Dazu je 2 gekochte lange Nudeln mit dem Daumen auf der Garnele fixieren und rundherum wickeln.

WIE TESTE ICH, OB DAS ÖL DIE RICHTIGE TEMPERATUR HAT?

In einer Fritteuse oder mit einem speziellen Thermometer ist das ganz einfach. Ansonsten in das Öl im Topf einen Holzspieß oder den Stiel eines Holzlöffels in das Fett tauchen: Bilden sich Bläschen, ist das Fett heiß.

VEGETARISCH
FEIN

Cool
down

SOMMERSPIESSE
IM WÜRZIGEN MELONENSÜPPCHEN

1 kleine süße Zuckermelone (Honig-, Netz- oder Cantaloupe-Melone) ++ 5 – 6 Stängel Koriandergrün ++ ¼ TL Currypulver (mild oder scharf) ++ grob geschroteter schwarzer Pfeffer ++
Cayennepfeffer ++ 12 Cocktailtomaten ++ 12 Mozzarellabällchen ++ je 12 Spieße und Gläser ++ Kugelausstecher

Für 12 Stück | Zubereitung **20 Min.** | Kühlen **30 Min.**
Pro Stück ca. **35 kcal, 2 g EW, 2 g F, 4 g KH**

1 Die Melone schälen, halbieren und entkernen. Mit einem Rundausstecher aus dem Fruchtfleisch 12 Kugeln ausstechen. Restliches Fruchtfleisch klein schneiden und im Blitzhacker oder
mit einem Stabmixer fein pürieren. Den Koriander waschen, trocken schütteln und hacken. Mit
Currypulver unter das Püree rühren und mit beiden Pfeffersorten würzen. Kalt stellen.

2 Tomaten waschen, Mozzarella abtropfen lassen. Die Melonensuppe auf Wassergläser verteilen. Auf jeden Spieß nacheinander 1 Tomate, 1 Mozzarella- und Melonenkugel aufspießen und
die Spieße in die würzigen Melonensüppchen stellen.

MEIN SOMMER-TIPP
Wenn es richtig heiß ist, in jedes Süppchen 1–2 Eiswürfel geben.

MEIN AUSTAUSCH-TIPP
Das Currypulver kann durch ¼ TL thailändische Currypaste ersetzt werden.

BROTZÖPFCHEN

braucht
etwas Zeit

MIT LAVENDEL

250 g Mehl
½ Päckchen Trockenhefe
Zucker
1 TL getrocknete Lavendelblüten
   (Bio- oder Kräuterladen)

½ TL Salz
2 EL Olivenöl
Mehl zum Arbeiten
Milch zum Bestreichen
16 Spieße

Für 16 Stück | Zubereitung **30 Min.** | Ruhen **1 Std.** | Backen **15 Min.**
Pro Stück ca. **65 kcal, 2 g EW, 1 g F, 11 g KH**

1 Mehl in eine Schüssel sieben, in der Mitte eine Mulde formen, Trockenhefe und 1 Prise Zucker einrieseln lassen und 100 ml lauwarmes Wasser darüberträufeln. Den Vorteig abdecken und etwa 20 Min. ruhen lassen. In der Zwischenzeit die Lavendelblüten im Mörser fein zerreiben.

2 Den Vorteig mit Lavendel, Salz und Olivenöl zu einem glatten Teig verarbeiten. Nochmals abdecken und weitere 20 Min. ruhen lassen. Den Teig auf einer bemehlten Fläche durchkneten und dünn ausrollen. Streifen von 1 cm Breite und etwa 8 cm Länge ausschneiden. Je 2 Teigstreifen um einen Spieß drehen oder flechten. Nochmals 20 Min. ruhen lassen.

3 Den Backofen auf 200° vorheizen und ein Backblech mit Backpapier auslegen. Die Brotzöpfchen-Spieße mit Milch bepinseln und im Ofen (Mitte) in 12–15 Min. goldgelb backen.

MEIN DIP-TIPP
Die Brotzöpfchen können einen Dip gut vertragen. Dafür 100 ml Olivenöl mit 1 EL Lavendelhonig und etwas grobem Meersalz verquirlen, in Dipschälchen füllen und bereitstellen.

BULGURBÄLLCHEN
MIT DATTELN UND APRIKOSEN

400 g festkochende Kartoffeln
Salz
200 g Bulgur (Instant)
1 kleine Zwiebel
1 Knoblauchzehe
4 Datteln

50 g getrocknete Aprikosen
5–6 Stängel Koriandergrün
1 Zitrone
1 l Öl
schwarzer Pfeffer
20 Spieße

voll
Frucht

Für 20 Stück | Zubereitung **45 Min.**
Pro Stück ca. **80 kcal, 2 g EW, 2 g F, 13 g KH**

1 Kartoffeln waschen und in Salzwasser in etwa 20 Min. gar kochen. Bulgur in einer Schüssel mit knapp ¼ l kochend heißem Salzwasser begießen und 6 – 8 Min. quellen lassen.

2 Inzwischen Zwiebel und Knoblauch schälen und fein würfeln. Die Datteln entkernen und mit den Aprikosen fein hacken. Den Koriander waschen, trocken schütteln, die Blättchen abzupfen und hacken. Die Zitrone filetieren (s. Seite 39).

3 Kartoffeln abgießen, schälen und grob in eine Schüssel raspeln. 1 EL Öl in einer beschichteten Pfanne erhitzen und Zwiebel, Knoblauch, Datteln und Aprikosen darin unter Rühren bei mittlerer Hitze 2 – 3 Min. braten; die Pfanne vom Herd nehmen.

4 Kartoffelraspel mit Koriander, Bulgur, Salz und Pfeffer verkneten. Mit angefeuchteten Händen 20 Bällchen formen. Jedes Bällchen in der Handfläche flach drücken, mit etwas Dattel-Aprikosen-Masse belegen und den Teig rundherum darüber verschließen. Das Öl auf 180° erhitzen und die Bällchen darin knusprig backen. Fertige Bällchen auf Küchenpapier entfetten und je 1 Bällchen mit 1 Zitronenfilet auf einen Spieß stecken.

MEIN DIP-TIPP
Frische süße Aprikosen klein schneiden und fein pürieren. Mit Chiligewürz »anfeuern« und in Schälchen als Dip für die Bulgurbällchen servieren.

WIE FILETIERE ICH EINE ZITRONE?

Dazu die Zitrone rundherum so schälen, dass auch die weiße Haut entfernt wird. Das gelbe Fruchtfleisch ist durch Hautsegmente unterteilt. Mit einem scharfen kleinen Messer entlang eines Filet-Häutchens einschneiden und dies bei dem nächsten Häutchen wiederholen. Das Zitronenfilet kann nun leicht herausgelöst werden. Rundherum so fortfahren.

TRAMEZZINI
MIT AVOCADO-CREME

Mini-Brote

2 kleine reife Avocados (z. B. Hass)
2 EL Orangensaft
3 EL Preiselbeeren (Glas)
Zimtpulver
gemahlener Kardamom
4 Scheiben Toastbrot
8 Spieße

Für 8 Stück
Zubereitung **20 Min.**
Pro Stück ca. **145 kcal, 2 g EW, 12 g F, 6 g KH**

1 Die Avocados halbieren, die Steine entfernen und das Fruchtfleisch mit einem Löffel aus den Schalen lösen. Mit einer Gabel zerdrücken und mit Orangensaft und Preiselbeeren verrühren. Mit je 1 Prise Zimt und Kardamom würzen.

2 Das Weißbrot toasten und aus jeder Scheibe 4 Plätzchen ausstechen (z. B. Blumen, Kreise oder Monde). Je 1 Brot mit Avocado bestreichen und ein zweites daraufsetzen, andrücken. Je 1 Doppeldecker auf 1 Spieß stecken. Restliche Avocadocreme in Schalen füllen und zum Dippen bereitstellen.

MEIN AUSTAUSCH-TIPP
Statt Preiselbeeren gewürfelte in Öl eingelegte getrocknete Tomaten nehmen.

ARANCINI

Reis am Stiel

MIT PECORINO

700 ml Gemüsebrühe (Instant)
250 g Risottoreis (z. B. Arborio)
Salz | schwarzer Pfeffer
1 Döschen gemahlener Safran
50 g frisch geriebener Pecorino
3 Eier

1-2 Mandarinen (oder 1 Orange)
50 g Orangenmarmelade
etwa 150 g Semmelbrösel
1 l Öl zum Frittieren
20 Spieße

Für 20 Stück | Zubereitung **30 Min.** | Garen **35 Min.** | Kühlen **30 Min.**
Pro Stück ca. **120 kcal, 3 g EW, 4 g F, 18 g KH**

1 Brühe und Reis in einem Topf verrühren und aufkochen. Mit Salz, Pfeffer und Safran würzen und den Reis bei schwacher Hitze etwa 30 Min. quellen lassen. Pecorino und 1 Ei untermischen und den Reis vollständig abkühlen lassen.

2 Die Mandarine schälen und in ihre Spalten teilen. Die restlichen Eier in einem breiten Teller verquirlen. Die Reismasse in 20 Portionen teilen. Je eine Portion auf der Handfläche flach drücken, mit etwas Orangenmarmelade belegen, Reismasse darüber schließen und zu einem Bällchen formen. Bällchen in Ei tauchen und in Semmelbröseln wenden.

3 Öl auf 180° erhitzen (s. Seite 33), die Arancini darin schwimmend goldbraun backen. Auf Küchenpapier kurz abkühlen lassen. Je 1 Mandarinenspalte mit 1 Bällchen aufspießen.

MEINE DIP-TIPPS
In Streifen geschnittenen Salbei mit etwas geriebenem Pecorino und Olivenöl verrühren. Oder die Arancini in angewärmte Orangenmarmelade tauchen.

MINI-PAPRIKA
MIT AUBERGINENCREME

1 Aubergine (etwa 250 g) ++ 50 g eingelegte Oliven (ohne Kerne) ++ 1 kleines Bund Basilikum ++ 200 g bunt gemischte Minipaprika (»Paprika sweet«) ++ Salz ++ schwarzer Pfeffer ++ 50 g geriebener Parmesan ++ 10 Spieße

Für 10 Stück | Zubereitung **40 Min.** | Garen **30 Min.**
Pro Stück ca. **30 kcal, 2 g EW, 2 g F, 1 g KH**

1 Backofen auf 200° vorheizen. Aubergine waschen, rundum mit einer Gabel einstechen und auf einem Backblech im Ofen (Mitte) etwa 20 Min. garen, bis sich die Haut dunkel färbt.

2 Oliven klein würfeln. Basilikum in Streifen schneiden. Paprika waschen, die Deckel abschneiden und die Schoten vorsichtig putzen. Von den Deckeln die Stielansätze herausschneiden.

3 Aubergine aus dem Ofen nehmen, kurz abkühlen lassen, schälen und pürieren. Oliven sowie Basilikum unterrühren und mit Salz und Pfeffer würzen. Die Paprika mit der Auberginenmasse füllen, auf die Spieße stecken und die Paprikadeckel durch den Spieß aufsetzen. Restliche Auberginenmasse mit geriebenem Käse verrühren und als Dip dazu reichen.

Die Autorin

Rose Marie Donhauser arbeitet seit 1988 als Food- und Reisejournalistin, Restauranttesterin und Kochbuch-Autorin. Viele Bücher erhielten Auszeichnungen, z. B. Silbermedaillen der Gastronomischen Akademie Deutschlands, Goldene Lorbeeren aus der Schweiz oder Gourmand World Cookbook Awards. Die gelernte Köchin, die in Berlin lebt, ist dem Genuss immer auf der Spur. Auf Tour von Italien bis Bali holt sie sich Ideen und Anregungen. Ihre Spezialität sind Rezeptentwicklungen, und so hat sie für dieses Projekt »den Genuss auf die Spitze getrieben«.

Der Fotograf

Jörn Rynio zählt zu seinen Auftraggebern internationale Zeitschriften, namhafte Buchverlage und Werbeagenturen. Der gebürtige Hamburger setzt Food-Spezialitäten stimmungsvoll in Szene – tatkräftig unterstützt von Michaela Suchy (Styling) und Antje Küthe (Foodstyling).

Bildnachweis

Alle Bilder Jörn Rynio

Ein Unternehmen der
GANSKE VERLAGSGRUPPE

© 2014 Gräfe und Unzer Verlag GmbH, München

Projektleitung: Stefanie Poziombka
Lektorat: Adelheid Schmidt-Thomé
Korrektorat: Susanne Elbert
Innen- und Umschlaggestaltung: independent Medien-Design, Horst Moser, München
Illustrationen: Betti Trummer, S. 4 oben, U3 Nr. 4, 6; alle anderen Harold Lazaro, München
Herstellung: Sigrid Frank
Satz: Mohn Media, Gütersloh
Reproduktion: Mohn Media, Gütersloh
Druck und Bindung: Printer, Trento
Syndication: www.jalag-syndication.de

1. Auflage 2014
ISBN 978-3-8338-3781-4

www.facebook.com/gu.verlag

Liebe Leserin, lieber Leser,

haben wir Ihre Erwartungen erfüllt? Sind Sie mit diesem Buch zufrieden? Haben Sie weitere Fragen zu diesem Thema? Wir freuen uns auf Ihre Rückmeldung, auf Lob, Kritik und Anregungen, damit wir für Sie immer besser werden können.

GRÄFE UND UNZER Verlag
Leserservice
Postfach 86 03 13
81630 München
E-Mail:
leserservice@graefe-und-unzer.de

Telefon: 00800 / 72 37 33 33*
Telefax: 00800 / 50 12 05 44*
Mo–Do: 8.00–18.00 Uhr
Fr: 8.00–16.00 Uhr
(* gebührenfrei in D, A, CH)

Ihr GRÄFE UND UNZER Verlag
Der erste Ratgeberverlag – seit 1722.

So viel mehr lecker.

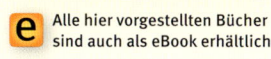

AUF DIE SPITZE GETRIEBEN

1 Aufspießen ist uralt – Der gängige Ausdruck für Spieß-braten, was meint, dass ein Stück Fleisch über offenem Feuer auf einem Bratspieß steckt und gebraten wird, ist uralt. Es gehört zu den Urformen des Kochens, seit die Menschen Feuer zum Garen ihrer Lebensmittel entdeckt haben. Aus der Antike sind Rezepte für Fleischspieße überliefert, auch wurden in prähistorischen Gräbern Bratspieße gefunden. **2 Kurios** – ist der »Turnspit Dog«, ein Hund, der im 17. Jahrhundert für den Antrieb von Dreh-spießen zuständig war und dafür eigens gezüchtet wurde. Er musste in einem Laufrad rennen, damit sich der Drehspieß dreht und der Braten rundherum gleichmäßig gebraten wurde. **3 Semana del Pincho** – In Pamplona, der Hauptstadt Navarras, einer kleinen Provinz im Norden von Spanien, findet jedes Jahr Ende April/Anfang Mai die leckere Woche der Kleinig-keiten, einer Art Tapas, statt. Die über 90 teilnehmenden Barbe-treiber erfinden jedes Jahr neue Gerichte, und die Gäste stim-men, nachdem sie sich an den langen Bartresen durchprobiert haben, ab, welche Bars die begehrten Auszeichnungen erhalten.